STAR WARS

THE CONCEPT ART OF RALPH McQUARRIE

ザ・コンセプト アート・オブ
ラルフ・マクォーリー

『スター・ウォーズ』旧3部作および、その後の数々の作品の実現を可能にしたのは、本書に収録されているラルフ・マクォーリーの革新的なアートワークだと言っても過言ではない。ラルフが『スター・ウォーズ』の制作中に描いた膨大な量のスケッチやコンセプトアートはジョージ・ルーカスが抱いていた構想に命を吹きこみ、数えきれないほどのアーティスト、デザイナー、ストーリーテラー、映画制作者、美術スタッフ、衣装デザイナー、プロップおよび模型制作者、ドロイド・ビルダーたちに、視覚的なインスピレーションと指針を与えた。何世代にもわたるアーティストや職人の創造力に火をつけ、多くのクリエイティブなキャリアを推進する原動力となってきた彼の作品はいまなお、半世紀も前に描かれたものとは思えないほどの輝きを放っている。

　ラルフはダース・ベイダーやC-3POをはじめとするスター・ウォーズ銀河のさまざまな要素を想像し、創りだした。タトゥイーンの光景やドロイドまで、彼が『スター・ウォーズ』旧3部作のために描いた光景やキャラクターは、新3部作以降の『スター・ウォーズ』映画やビデオゲーム、アニメシリーズ、実写テレビシリーズなどに現在も用いられ、参考にされている。本書はそのラルフ・マクォーリーの代表的な作品をまとめ、気軽に楽しめるような特別な形で紹介している。

　大胆な色使いに魅力あふれるキャラクター、美しい景色は、どれもひと目見ただけでその世界をもっと知りたいという思いに駆られるものばかりだ。ラルフの手になるダイナミックかつ魅力的に描かれた未来的な建築様式や驚異的なビークル、エキゾチックな惑星はもちろんのこと、大小さまざまな戦いを描いた迫力満点の作品も、旧3部作にいかに画期的で並外れた想像力と創造性が注がれたかを示している。

　伝説的なライトセーバーの決闘から、手に汗握る宇宙戦、多種多様なエイリアンやクリーチャーがひしめく怪しげな酒場、雲のなかに浮かぶキノコ型の現代都市、毛むくじゃらの

友人たちが住む森まで、ラルフ・マクォーリーは天賦の才に恵まれたジョージ・ルーカスの斬新で創造性に富んだ物語を壮大なスケールで描きだした。本書に収録されたラルフの代表作を見れば、彼がはるか彼方の銀河にあるエキゾチックで興味深いテクノロジーや本サーガの本質を見事に捉えていたことがよくわかる。

　これほど優れた作品が、当時、実現不可能だと繰り返し言われ、大それた賭けだとみなされていた型破りな映画のために描かれたことは、なんとも興味深い。ジョージ・ルーカスの驚異的な構想を目に見える形にしたラルフ・マクォーリーのアートワークこそが、映画制作のさまざまな手順やテクノロジーの発展につながり、最終的に不可能を可能にしたのである。

　第1作目の『スター・ウォーズ』が公開された1977年に12歳だった私は、『新たなる希望』とラルフの作品に大きな影響を受けた。たくさんの人々と同じように、私はその年、いまはビンテージとなったラルフ・マクォーリーの画集『スター・ウォーズ ポートフォリオ』を購入し、たちまち彼のアートワークと恋に落ちた。ラルフの作品が時の試練に耐え、これからもさまざまな人々に楽しまれ、愛されていくことを思うと胸が躍る。

　ラルフとの初めての出会いは1994年の9月、私が『スター・ウォーズ』関連商品のアート・ディレクターとしてルーカスフィルム社で働きはじめたばかりの頃だった。その年の12月、彼の作品を含む旧3部作のプロップや衣装を展示した「The Art of Star Wars」展がサンフランシスコで開催された。ラルフは大成功に終わったその展示会のスターだったが、信じられないほど謙虚で思いやりにあふれていたことを覚えている。

　すべては、脚本にあるジョージ・ルーカスの構想をラルフ・マクォーリーが見事なアートワークにしたことから始まったのだ。多岐にわたるラルフの作品をまとめた本書は、アートワークそのものの素晴らしさのみならず、壮大な物語を視覚化するという大胆な夢を実現させることに大きな貢献を果たした彼の才能の証である。

ルーカスフィルム／ディズニー　アート・ディレクター

トロイ・アルダース

STAR WARS: EPISODE

IV

A NEW HOPE

新たなる希望

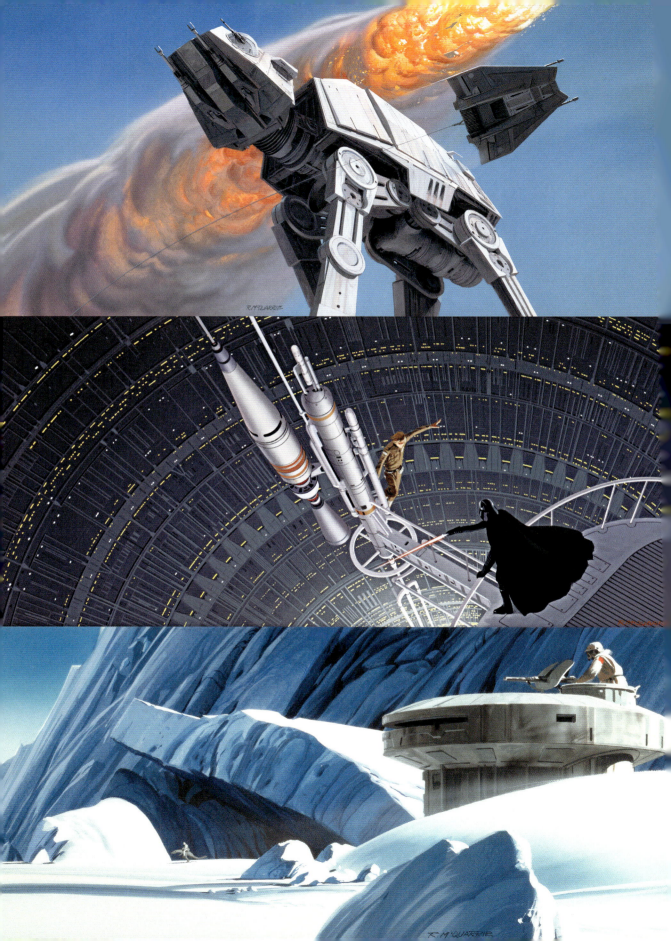

STAR WARS: EPISODE

V

THE EMPIRE STRIKES BACK

帝国の逆襲

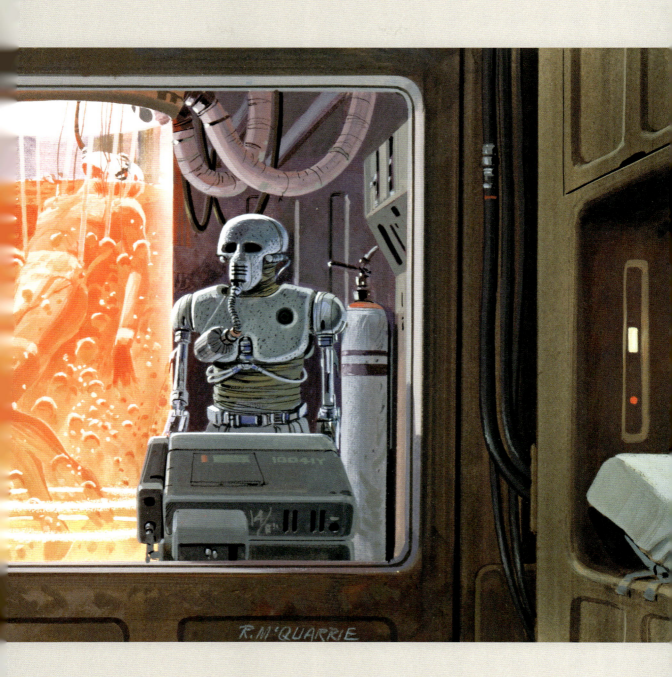

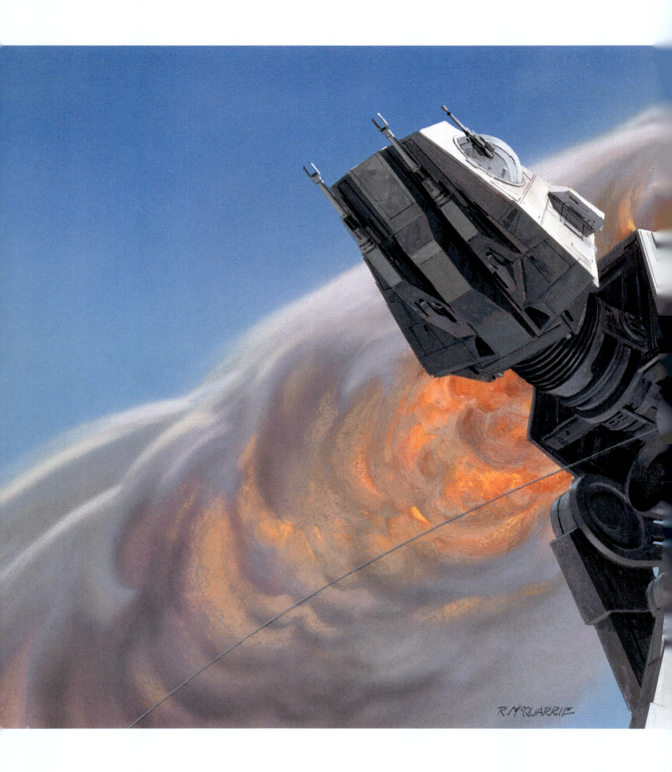

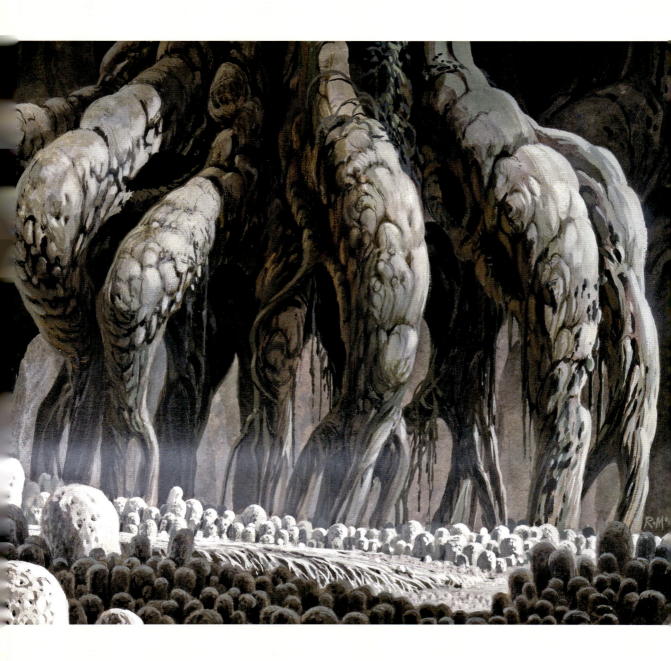

121

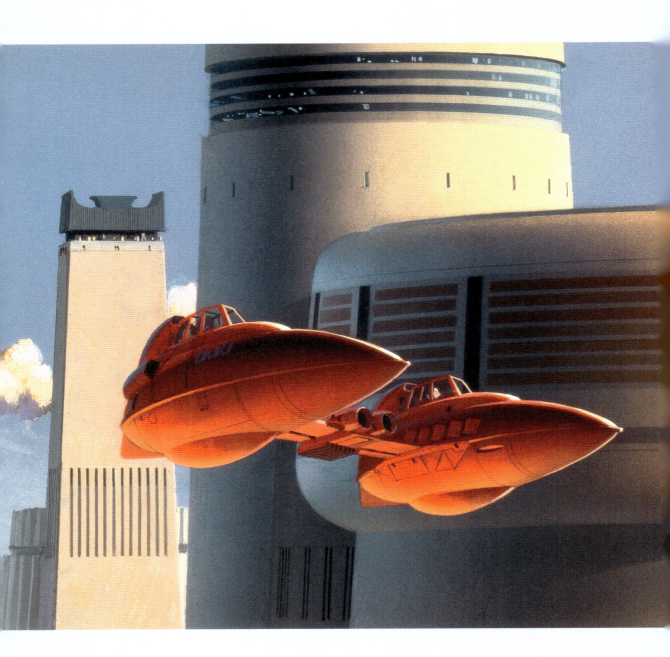

STAR WARS: EPISODE

VI

RETURN OF THE JEDI

ジェダイの帰還

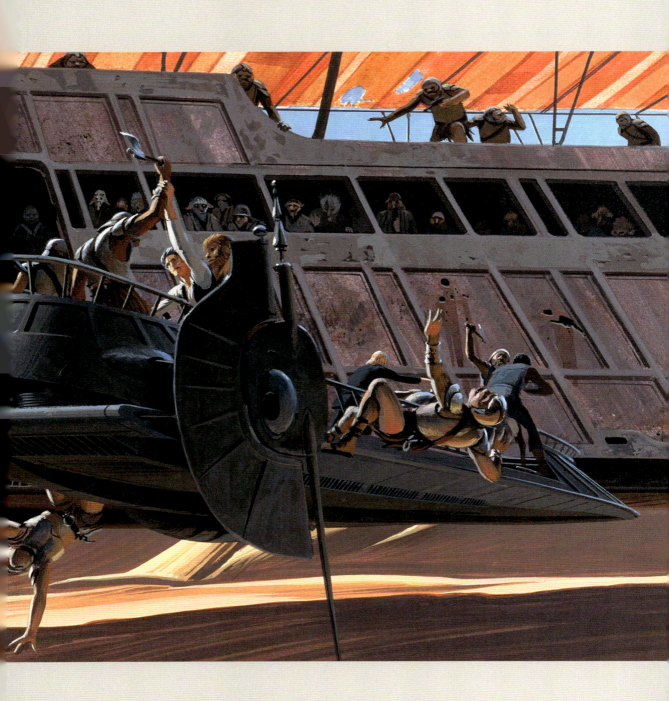

BEYOND THE FILMS
旧３部作以外の作品

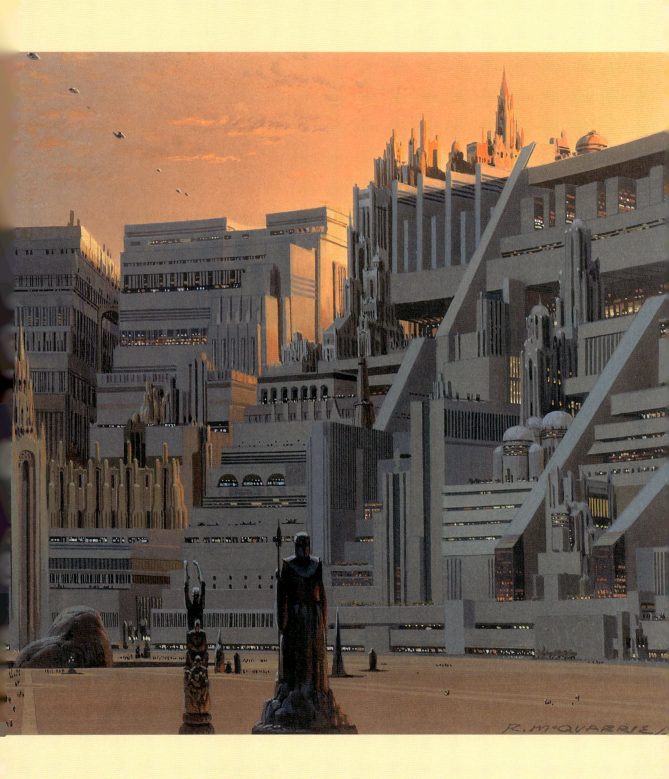

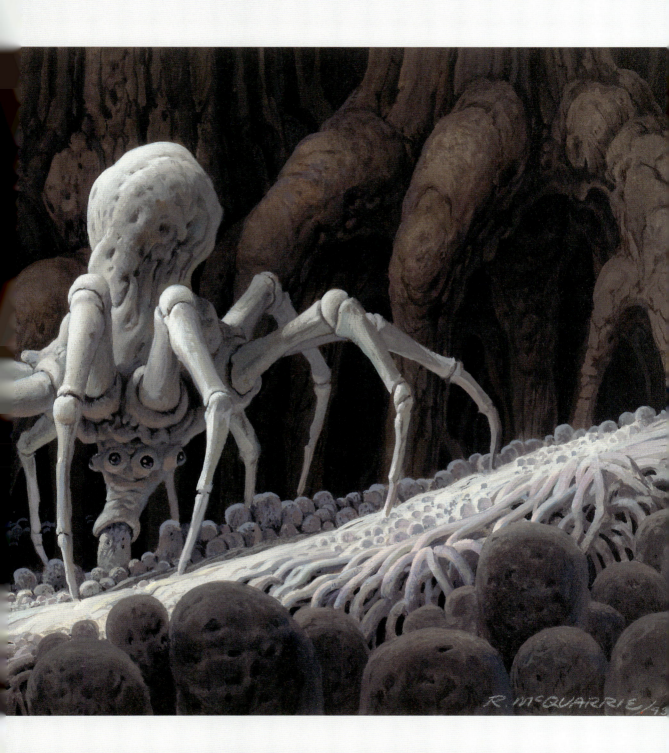

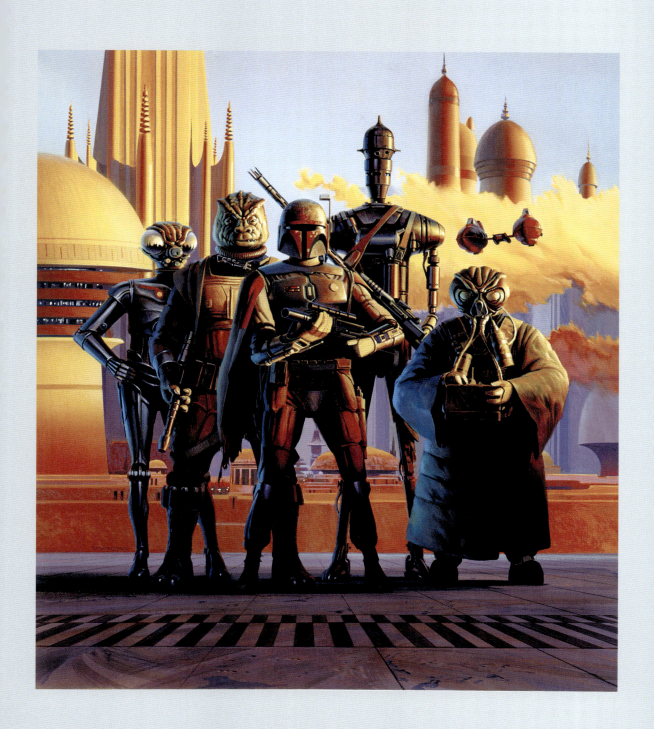

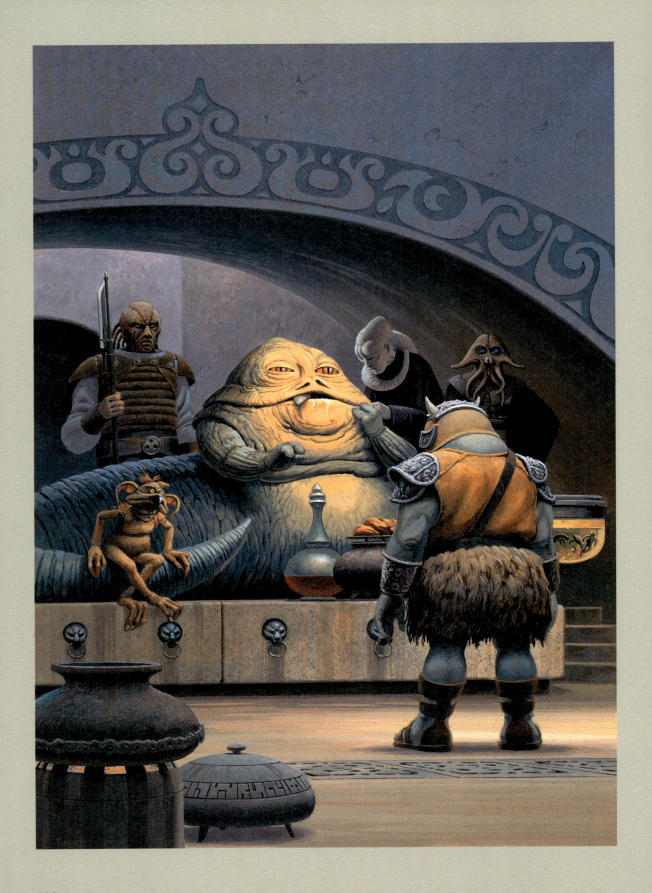

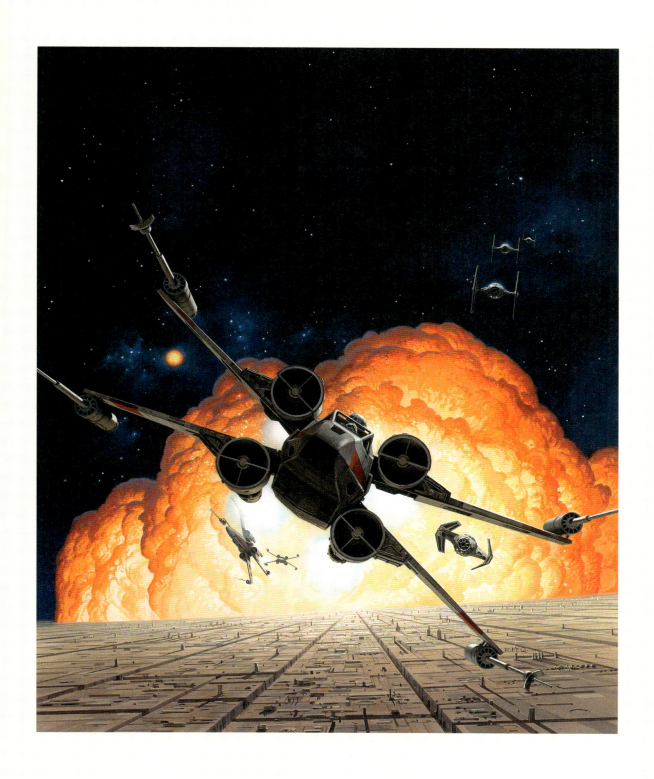

INDEX

EPISODE IV　エピソード4
新たなる希望

p8-9
砂漠で脱出ポッドから出たアールツーとスリーピオ。第3案。1975年頃の制作用イラスト。

p10-11
サンドクローラーから逃げだすドロイドたち。1975年4月5日付の制作用イラスト。

p12-13
タスケン・レイダー。1975年12月7日付の制作用イラスト。

p14-15
タトゥイーンのモス・アイズリーを遠くから眺める女性のルーク。1975年春頃の制作用イラスト。

p16-17
カンティーナ。1975年3月6日付の制作用イラスト。

p18-19
デス・スターの通路──帝国軍トルーパーたち。1975年3月28日付の制作用イラスト。

p20-21
デス・スターのドッキング・トレンチ、その1。重ね塗りされた制作用イラスト。

p22-23
帝国の都市オルデラン──灰色の雲のなかに浮かぶ都市。第2案の制作用イラスト。

p24-25
デス・スターのドッキング・トレンチ、その2。1976年12月頃の制作用イラスト。

p26-27
海賊船の修正デザインが描かれたドッキング・ベイ。第2案の制作用イラスト。

p28-29
ミレニアム・ファルコンの改訂デザインが描かれたデス・スターの格納庫シーン。第2案の制作用イラスト。

p30-31
デス・スターのドッキング・ベイに駐機されたミレニアム・ファルコン。制作用イラスト。

p32-33
海賊船のデザインが描かれたモス・アイズリーの宇宙港格納庫。第1案。1975年秋頃の制作用イラスト。

p34-35
ミレニアム・ファルコンの改訂デザインが描かれたモス・アイズリーの宇宙港格納庫。第2案。1976年前半の制作用イラスト。

p36-37
デス・スターのエレベーター。1975年11月頃の制作用イラスト。

p52-53
トレンチを全速で飛ぶ戦闘機。1975年11月25日付の制作用イラスト。

p38-39
西部劇のヒーロー、ラッシュ・ラルー──橋が格納された空間を跳躍しようとするルーク。1975年11月21日付の制作用イラスト。

p54-55
タイ・ファイターのパイロットも描かれた、ミレニアム・ファルコンとデザイン修正後のデス・スター。第3案。1976年前半の制作用イラスト。

p40-41
レーザーの決闘。1975年2月14-15日付の制作用イラスト。

p56-57
デス・スターをかすめるように飛ぶ戦闘機。1975年11月11日付の制作用イラスト。

p42-43
反乱軍の要塞。1975年4月頃の制作用イラスト。

p58-59
謁見室。1975年11月5日付の制作用イラスト。

p44-45
反乱軍格納庫内にあるYウイング。1976年1月頃の制作用イラスト。

EPISODE V エピソード5
帝国の逆襲

p46-47
反乱軍の宇宙基地（第4衛星に停泊した戦闘機。秘密基地の寺院の外）。1975年4月3日付の制作用イラスト。

p62-63
トーントーンに騎乗するルーク。制作用イラスト。

p48-49
ヤヴィン第4衛星にある反乱軍基地の監視搭。制作用イラスト。

p64-65
氷の惑星の地表を漂うプロボット。制作用イラスト。

p50-51
デス・スターの戦い（球体へと急降下する戦闘機）。1975年2月21-23日付の制作用イラスト。

p66-67
氷の城。1977年12月7日付の制作用イラスト。

295

p68-69

反乱軍基地の入口。1978年5月26日 & 29-30日付の制作用イラスト。

p84-85

騎乗用のげっ歯類クリーチャー。1978年2月9-10日 & 13-14日付の制作用イラスト。

p70-71

氷の洞窟。1978年4月24-26日付の制作用イラスト。

p86-87

帝国軍ウォーカーとスノースピーダー。制作用イラスト。

p72-73

氷の洞窟(その2)。1978年5月10-11日付の制作用イラスト。

p88-89

氷の惑星にある塹壕内の反乱軍兵士たち。制作用イラスト。

p74-75

バクタタンク。1978年4月19-20日付の制作用イラスト。

p90-91

ルークと帝国軍ウォーカー。1979年春頃の制作用イラスト。

p76-77

ホスの軌道上のスター・デストロイヤー。制作用イラスト。

p92-93

反乱軍の大型砲塔の制御ブース。1978年7月26-27日付の制作用イラスト。

p78-79

発生装置への攻撃。1978年6月23-24日 & 26日付の制作用イラスト。

p94-95

大型砲塔。1978年7月13日付の制作用イラスト。

p80-81

氷の惑星の司令センター。1978年5月18-19日 & 22日付の制作用イラスト。

p96-97

氷の惑星にある基地内の反乱軍兵士たち。制作用イラスト。

p82-83

装甲ランドスピーダーがウォーカーを倒すシーン。1978年2月20-22日付の制作用イラスト。

p98-99

格納庫内のミレニアム・ファルコン。1979年春頃の制作用イラスト。

296

p100-101
氷の格納庫内のミレニアム・ファルコン。制作用イラスト。

p116-117
スター・デストロイヤーの艦橋（艦内右側）。1978年7月18-20日付の制作用イラスト。

p102-103
沼に沈みかけているXウイング。1978年6月20-22日付の制作用イラスト。

p118-119
クラウド・シティ。1978年1月16-18日付の制作用イラスト。

p104-105
ヨーダの小屋（外観）。1978年7月15日＆17日付の制作用イラスト。

p120-121
空飛ぶクリーチャーと、クラウド・シティ上空を飛ぶクラウド・カー。1978年6月12-15日付の制作用イラスト。

p106-107
ヨーダの小屋のなかのルーク。制作用イラスト。

p122-123
クラウド・シティの建築物。準備段階のイラスト。

p108-109
沼の惑星──ヨーダとルーク。1979年頃の制作用イラスト。

p124-125
明け方の出迎え。1978年7月31日＆8月1日付の制作用イラスト。

p110-111
ルークが沼の惑星を去るシーン。制作用イラスト。

p126-127
クラウド・シティ──ランドとレイア。1978年4月11-13日＆17日付の制作用イラスト。

p112-113
クレーターに入っていくファルコン。1978年7月12日付の制作用イラスト。

p128-129
クラウド・シティの住居。1979年春頃の制作用イラスト。

p114-115
巨大な虫。1978年7月20-21日付の制作用イラスト。

p130-131
クラウド・シティの住居。制作用イラスト。

p132-133
ダース・ベイダーの食堂。制作用イラスト。

p148-149
作業室内の剣の戦い。1978年8月17-19日付の制作用イラスト。

p134-135
クラウド・シティの独房。制作用イラスト。

p150-151
アンテナ上の剣の戦い。1978年8月21-22日付の制作用イラスト。

p136-137
東側の着陸プラットフォーム。1978年9月25-28日付の制作用イラスト。

p152-153
ベーンにぶら下がるルーク。制作用イラスト。

p138-139
黄昏時のクラウド・シティの戦い。1978年7月24-25日付の制作用イラスト。

p154-155
ルーク──医療ベイ。制作用イラスト。

p140-141
凍結設備。1978年秋頃の制作用イラスト。

p156-157
ルークとレイア(スター・クルーザー)。1978年10月3日の制作用イラスト。

p142-143
クラウド・シティの凍結室内のルークとダース・ベイダー。1978年12月頃の制作用イラスト。

EPISODE VI エピソード6
ジェダイの帰還

p144-145
カーボン凍結室におけるルークとダース・ベイダーの決闘。1978年後半／1979年前半の制作用イラスト。

p160-161
ハド・アバドンの軌道上の2基のデス・スターを通過するインペリアル・シャトル。制作用イラスト。

p146-147
クラウド・シティの反応炉ベーン。制作用イラスト。

p162-163
ジャバの宮殿に近づくR2-D2とC-3PO。制作用イラスト。

p164-165
ジャバの宮殿の外観。制作用イラスト。

p180-181
ランコアの穴のなかのルーク。制作用イラスト。

p166-167
ジャバの宮殿に続く道。1980年後半の制作用イラスト。

p182-183
サルラックの棲む大穴の上の立つルーク。制作用イラスト。

p168-169
ドロイドたち――ジャバの宮殿の通路。ポートフォリオ用イラスト。

p184-185
スキッフ上の戦い。制作用イラスト。

p170-171
ドロイドたち――ジャバの宮殿の地下牢。ポートフォリオ用イラスト。

p186-187
セール・バージの爆発とスキッフ。制作用イラスト。

p172-173
サイ・スヌートルズとバンドメンバー。ポートフォリオ用イラスト。

p188-189
反乱軍作戦室。ポートフォリオ用の絵。

p174-175
タトゥイーンのジャバの宮殿でジャバと対峙するルーク。

p190-191
スピーダーバイクに乗ったルーク。ポートフォリオ用イラスト。

p176-177
ジャバと対峙するルーク。第2案。ポートフォリオ用イラスト。

p192-193
エンドアでC-3POを運ぶイウォークたち。制作用イラスト。

p178-179
ランコアの穴に落ちたルーク。準備段階のイラスト。

p194-195
イウォークの村。ポートフォリオ用イラスト。

299

p196-197
エンドアの着陸プラットフォームとその横の帝国軍ウォーカー。準備段階のイラスト。

p212-213
ハド・アバドンを歩くルークとダース・ベイダー。制作用イラスト。

p198-199
帝国軍ウォーカーからエンドアに降り立つダース・ベイダー。準備段階のイラスト。

p214-215
皇帝の城に入るルークとダース・ベイダー。制作用イラスト。

p200-201
帝国のドッキング・ベイ。第1案。ポートフォリオ用イラスト。

p216-217
皇帝の城にある謁見室。制作用イラスト。

p202-203
ハド・アバドンの地表。制作用イラスト。

p218-219
皇帝の謁見室。制作用イラスト。

p204-205
ハド・アバドンのピラミッド。制作用イラスト。

p220-221
皇帝の玉座。制作用イラスト。

p206-207
ハド・アバドンのゴシック様式の建物。制作用イラスト。

p222-223
エンドアの戦い。ポートフォリオ用イラスト。

p208-209
ハド・アバドンの狭い通路。制作用イラスト。

p224-225
Ｂウイングによる攻撃。ポートフォリオ用イラスト。

p210-211
ハド・アバドンに停泊するインペリアル・シャトル。制作用イラスト。

p226-227
宇宙戦。ポートフォリオ用イラスト。

p228-229
デス・スターを攻撃するXウイング。準備段階のイラスト。

p244-245
廃墟と化した浮揚都市――ベスピン（その２）。イラスト。

p230-231
Ａウイング・ファイター。ポートフォリオ用イラスト。

p246-247
ガス採鉱ユニット――ベスピン。イラスト。

p232-233
皇帝の謁見室で戦うルークとダース・ベイダー。ポートフォリオ用イラスト。

p248-249
スカイウェイ（航空路）――ベスピン。1993年頃のイラスト。

p234-235
皇帝のパワー。第２案。ポートフォリオ用イラスト。

p250-251
娯楽施設が集まる地域――コルサント。イラスト。

p236-237
反応炉の爆発。ポートフォリオ用イラスト。

p252-253
モニュメント・プラザ――コルサント。1993年頃のイラスト。

BEYOND THE FILMS
旧３部作以外の作品

p254-255
沼に生息する巨大ナメクジ――ダゴバ。1993年頃のイラスト。

p240-241
オルデラン――オルデラン・シティ。イラスト。

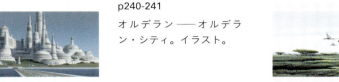

p256-257
樹上――ダゴバ。1993年頃のイラスト。

p242-243
廃墟と化した浮揚都市――ベスピン。イラスト。

p258-259
ホワイト・スパイダー――ダゴバ。1993年頃のイラスト。

301

p260-261
タトゥイーン——ジャバの城——北門の外観。1993年頃のイラスト。

p276-277
ホス——凍りついた間欠泉（原文のまま）。1993年頃のイラスト。

p262-263
タトゥイーン——ジャバの城——修道士の茶室。イラスト。

p278-279
ホス——トーントーンの（原文のまま）。1993年頃のイラスト。

p264-265
ジャバの宮殿——通路。イラスト。

p280-281
ヤヴィン——広いマサッシ寺院の内観。1993年頃のイラスト。

p266-267
ジャバの宮殿——北門の橋。1992年頃のイラスト。

p282-283
ヤヴィン——湖の寺院。1993年頃のイラスト。

p268-269
カンティーナ。イラスト。

p284-285
エンドア——イウォークの村。1993年頃のイラスト。

p270-271
タトゥイーン——モス・アイズリー——カンティーナの裏口。イラスト。

p286-287
エンドア——イウォークを訪れる巨大なゴラク。イラスト。

p272-273
タトゥイーン——ジャワの催す市。イラスト。

p288
小説「Splinter of the Mind's Eye」の表紙。1977年後半のイラスト。

p274-275
ジャワの野営地。イラスト。

p289
スター・ウォーズ・ファンクラブの公式ポスター。トレンチを疾走するXウイング。1977年12月頃のイラスト。

302

p290
沼の惑星――ヨーダ。1980年後半の
イラスト。

p291
賞金稼ぎたち。1980年後半のイラスト。

p292
ポップアップ絵本「JABBA'S PALACE」
の表紙イラスト。

p293
ブローダーバンド社のホーム・エンター
テインメント・ゲーム・ボックスの表紙
イラスト。

RALPH McQUARRIE
ラルフ・マクォーリー

ルーカスの壮大な物語に命を吹きこむ

　ラルフ・マクォーリーのコンセプトアートは、スター・ウォーズ世界を構築するうえで大きな役割を果たした。ジョージ・ルーカスの思い描く複雑な構想を、魅力的なキャラクター、環境、テクノロジーとして視覚化し、壮大な物語に命を吹きこんだのである。本書には、そのラルフ・マクォーリーが描いたスター・ウォーズ旧3部作『新たなる希望』、『帝国の逆襲』、『ジェダイの帰還』のオリジナル・コンセプトアート、出版物に掲載されたアートワーク、宣伝や商品に使用されたイラストが収められている。どれもみな、ひと目で彼の作品だとわかる独創的なものばかりだ。

　ラルフ・アンガス・マクォーリーは1929年6月13日にインディアナ州ゲイリーに生まれた。絵を描くことに強い関心を持っていた彼は、高校卒業後イラストレーションの夜間コースを受講し、1949年にシアトルのボーイング社でマニュアルやカタログの図案を描く仕事に就いた。朝鮮戦争に従軍後、ロサンゼルスのアートセンターで実用美術を学び、さまざまなイラストの仕事を経て1963年にボーイング社に戻ると、コンコルドに対抗して開発されていた超音速旅客機の図案を担当した（このときのデザインが、のちに映画監督ハル・バーウッドの目を引く）。1967年にロサンゼルスに移ったマクォーリーはアポロ計画に関する報道用アニメーションシーケンスを手がけたことがきっかけでエンターテインメント業界に人脈をつくり、

映画制作や視覚効果に関わるプロセスを習得していった。

　1971年、SF作品の資金調達のためコンセプトアートを必要としていたハル・バーウッドから連絡を受け、マクォーリーは4枚のイラストを描いた。この企画自体はボツになったものの、偶然そのイラストがバーウッドの友人であるジョージ・ルーカスの目に留まったことから、新たな道が開ける。

スター・ウォーズ　新たなる希望

　『アメリカン・グラフィティ』で大きな成功を収めたルーカスは、プロデューサーのゲイリー・カーツとともに20世紀フォックス（現20世紀スタジオ）で次作『スター・ウォーズ』の制作に向けて動きだした。野心的な企画を映画会社に売り込むには、インパクトのあるコンセプトアートが欠かせない。未来風のデザインとリアリズムを融合させたマクォーリーの作風が自身の温めている壮大なスケールのSF映画にうってつけだと思ったルーカスは、マクォーリーにその仕事を託した。脚本の第2稿とSF作品や軍事写真、自身が描いたラフスケッチを含む参考資料を渡し、10シーンのデザインを依頼したのである。マクォーリーは脚本に基づいてキャラクターやシーンのサムネイルスケッチを描き、1週間後にはダース・ベイダー、R2-D2、C-3POの初期バージョンのスケッチを完成させ、そのなかからルーカスが選んだものをコンセプト

①

③

②

アートとして描いた。

　1975年3月までにマクォーリーが仕上げたフルカラーの映画用コンセプトアート5点には、タトゥイーンにいるR2-D2とC-3PO（①8-9頁）、デス・スターへの攻撃（②50-51頁）、当時ディーク・スターキラーと呼ばれていたルーク・スカイウォーカーと"レーザーソード"で対峙するダース・ベイダー（③40-41頁）など、のちにスター・ウォーズにおける最も象徴的なコンセプトアートと評されるイラストが含まれていた。

　こうした最初期の絵を見ると、スター・ウォーズのビジュアルを作りあげていくなかで、マクォーリーがいかに重要な役割を果たしたかがはっきりとわかる。C-3POの初期デザインに関しては、ルーカスはフリッツ・ラングの『メトロポリス』（1927）に登場するマシーネンメンシュに似た滑らかな人型ロボットを提案した。C-3POの相棒R2-D2には、『サイレント・ランニング』（1972）の作業用ドローンにヒントを得た、ルーカスいわく「修理屋」のようなロボットが想定された。

　マクォーリーは、独創的でありながら映画制作を念頭に置いた実用的なデザインで、この2体のドロイドを視覚化した。彼が描いた最初のR2-D2は、のちに俳優のケニー・ベイカーに合わせて形状が変更されたものの、映画で見られる最終バージョンに驚くほど近い。また、C-3POを演じることを躊躇していたアンソニー・ダニエルズの背中を押したのが、前述のタトゥイーンの砂漠に立ち往生したC-3POとR2-D2のコンセプトアート（①8-9頁）だったことはよく知られている。ルーカスとのミーティングでこの絵を目にしたダニエルズは、途方に暮れたようにたたずむロボットに心を揺さぶられ、C-3PO役を引き受けたと語っている。

　マクォーリーのコンセプトアートに感銘を受けたのはダニエルズだけではなかった。制作時に描かれた数々のコンセプトアートは、セット・デコレーターのロジャー・クリスチャンやプロダクション・デザイナーのジョン・バリーをはじめとする主要制作陣にインスピレーションを与えただけでなく、ルーカスのアイデアや制作スケールを示すツールとしても使われ、最終的には映画全体の視覚的な基盤となった。また、プリプロダクション費用の大部分を自己資金で賄っていたルーカスが、20世紀フォックスを説得して当初の想定をはるかに上回る予算を獲得できたのも、マクォーリーのコンセプトアートの力によるところが大きかった。

　マクォーリーのオリジナル・アートの多くに、映画に登場したのとはまったく異なるデザインが

305

④

⑥

⑤

⑦

含まれているのは、プリプロダクション中に脚本が頻繁に手直しされたためである。最初期の5点のコンセプトアートには、モス・アイズリーのカンティーナの第1案（④16-17頁）も含まれていた。脚本の第2稿に沿って描かれたこのイラストでは、映画とはまったく違う見た目のルークが、ブラスターを持つエイリアンと対峙している。初期のドロイドは描かれているもののチューバッカとオビ＝ワン・ケノービの姿はなく、機械的な要素を増やしたいというルーカスの要望に沿って帝国の「シーカー」プローブ・ドロイドが背景に威嚇するように浮揚している。

崖の上で遠くのモス・アイズリーの町を観察するルークの初期案（⑤14-15頁）では、ルークが若い女性として描かれている。脚本の改訂が進むにつれて、ルークの詳細にも変更が重ねられた。

マクォーリーに加えて、制作初期にビジュアルの方向性を定めるうえで鍵となったのは、イラストレーターのジョー・ジョンストンと模型製作者／コンセプト・デザイナーのコリン・キャントウェルだった。キャントウェルはマクォーリーとほ

ぼ同時期に制作に加わり、Xウイング、Yウイング、タイ・ファイター、スター・デストロイヤーを含む宇宙船のデザインを手がけた。マクォーリーが自身のイラストにふたりのデザインを取り入れることもよくあり、制作中は、デザインの変化とともにコンセプトアートも変わり、ときにはひとつのシーンに複数のイラストが描かれたり、もとの絵の上から塗り直されたりすることもあった。マクォーリーが主に使用していたセル画専用のビニール塗料は、アニメーターが好んで使っていた不透明な彩度の高い水性塗料で、変更を重ね塗りするのに最適だった。

ヤヴィンの反乱軍Yウイング中隊には、オリジナル・デザイン（⑥46-47頁）と映画で使用された最終版（⑦44-45頁）が存在する。ふたつのコンセプトアートを比べると、オリジナル・デザインの背景の惑星からの明かりよりも、最終版の格納庫ベイ内の照明のほうが撮影用の光源に適していることがわかる。モス・アイズリーのドッキング・ベイに駐機されたミレニアム・ファルコン（当時は「海賊船」と呼ばれていた）のイラスト（⑧32-33頁）に

306

⑧

⑩

⑨

⑪

は、キャントウェルによるハン・ソロの宇宙船のオリジナル・コンセプトが描かれている。ルーカスが選んだのは、今日私たちが知るジョンストンによるファルコンのデザインだったため、最初のコンセプトアートに描いたキャラクターを気に入っていたマクォーリーはそれを残し、キャントウェルの宇宙船の上からジョンストンのファルコンを描いた（⑨34-35頁）。

ミレニアム・ファルコンを追跡するタイ・ファイターのパイロット（⑩54-55頁）は、何度か修正が加えられたあとのイラストである。初期のイラストではファルコンの代わりにYウイングが描かれ、デス・スターは月だった。こうした変更はたいてい制作上の都合によるもので、ときにはマクォーリー自身が手直しをすることもあった。当時のイラストはあくまでも映画制作におけるツールであり、現在のようにアートとみなされてはいなかったため、異なるバージョンが存在していた可能性はあるが、記録には残っていない。ルーカスはこうしたイラストを車に積んで、インダストリアル・ライト＆マジック社（ILM）や20世紀フォックス

の会議に向かったのである。

1975年末まで続いたプリプロダクション中、マクォーリーはセットやロケーションだけでなく、数多くのキャラクター、クリーチャー、衣装のデザインにも大きな貢献を果たした。オビ＝ワン・ケノービとダース・ベイダーのデザインには、ルーカスが心酔していた黒澤明映画の影響がはっきりと見てとれる。ケノービのローブとベイダーのヘルメットは、侍の服装にヒントを得たものだ。初期の脚本では、ベイダーが宇宙空間で生き延びる設定だったため、マクォーリーは顔をすっぽり覆う呼吸マスクをヘルメットに付け加えた。ベイダーの邪悪さを見事に捉えた骸骨のような形状は、映画史においてもとりわけ印象的なデザインである。

ストームトルーパー（⑪18-19頁）もマクォーリーによる有名なデザインのひとつで、特徴的な白いアーマーは、これぞスター・ウォーズというべきビジュアルである。ロボットのように従順であることを示すため、ヘルメットには表情がつけられていない。マスク前面の「口」部分は、ヘルメットを冷却する鋸歯状の放熱器としてデザインされた。

⑫

⑭

⑬

⑮

　マクォーリーによるハン・ソロのデザインは、フラッシュ・ゴードン風の海賊から、今日われわれが知る、銃を腰から下げた密輸業者に進化した。恐ろしいタスケン・レイダー（12-13頁）や、C-3POの悪役版とも言える邪悪なデス・スター・ドロイドをデザインしたのもマクォーリーである。衣装デザイナーのジョン・モロは、マクォーリーのこうしたデザインや、ルーク、レイア、チューバッカなどのコンセプトアートを基にして、のちにオスカーを受賞する数々の衣装を作りだした。

　また、モス・アイズリーのドッキング・ベイ（⑧32-33頁）、反乱軍のブロッケード・ランナー、ヤヴィンの反乱軍基地（⑫42-43/58-59頁）およびデス・スターの内観および外観（20-21/24-25/⑬36-37/38-39/⑭52-53/56-57頁）などのセット・デザインも、マクォーリーのコンセプトアートが基になっている。

　プリプロダクションが終わると、ルーカスはマクォーリーをマットペイント作業にも駆りだした。マットペイントとは実写のような背景画のことで、マクォーリーは主に惑星やデス・スターの外観を担当しただけでなく、その続きで撮影用のデス・スター3Dモデルも描いた。彼が描いたタトゥイーンの地表のマットペイントは、映画の冒頭シーンで使われている。

　現在では玩具やフィギュアといった関連商品は数多く販売されているが、『スター・ウォーズ 新たなる希望』が公開された当時、とりわけ人気を博した商品は、マクォーリーによるプロダクションアート21点を収めた画集『スター・ウォーズ ポートフォリオ』だった。「スター・ウォーズをスクリーンで実現するのに貢献した美しいアートの数々！」と称され、1年足らずで20万部以上を売り上げたこのポートフォリオは、ファンにとっては制作プロセスを垣間見る機会であり、同世代の意欲的なアーティストや映画制作者の創作意欲をかきたてた。マクォーリーの先駆的なアートワークはこの画集によりふさわしい評価を得たのである。

帝国の逆襲

　第一作目『スター・ウォーズ 新たなる希望』の爆発的な成功に続き、公開からわずか半年後の1977年10月、マクォーリーはまだ脚本もタイトル

⑯

⑱

⑰

⑲

もついていない続編に取りかかった。

　続編では、前作で活躍したジョー・ジョンストン、のちにアシスタント・アート・ディレクターとなるニロ・ロディス=ジャメロと共同でデザインを練りあげたあと、マクォーリーはイギリスのエルストリー撮影所の美術部門で1年近く過ごし、監督のアーヴィン・カーシュナー、プロデューサーのゲイリー・カーツ、プロダクション・デザイナーのノーマン・レイノルズと直に話し合いながら、ひたすらコンセプトアートを描いた。『帝国の逆襲』の重要なシーンや環境がすべてマクォーリーのコンセプトアートに基づいていることを考えると、この映画への彼の貢献は計り知れない。また、映画ではボツになったシーン用に彼が描いたデザインやアイデアの多くも、のちの『スター・ウォーズ』作品に散見される。

　映画の撮影同様、デザイン作業も時系列順には行われず、一度に複数の要素を同時進行させながら、制作のさまざまな段階でデザインを見直すのが常である。最初にデザインされた要素のひとつが、惑星ホスだった。初期の脚本には、廃墟と化した前文明の砦（ヤヴィン4のマサッシ寺院に造ら

れた反乱軍基地と類似したアイデア）である巨大な金属製の城（⑮66-67頁）が反乱軍基地として使われることになっていた。その後、反乱軍のエコー基地は、ホスの過酷な氷原にそびえる崖のなかの入り組んだ洞窟に造られたという設定になった。マクォーリーは、反乱軍が洞窟をレーザーで削って基地を造ったと想定し、反乱軍艦隊を収納する巨大な格納庫のコンセプトアート（70-71/⑯72-73頁）を描いた。

　基地の神経中枢であり通信ハブでもある反乱軍司令センター（⑰80-81頁）には、コンピューターが氷に食い込むようにずらりと並び、金属の通路が凍った地面を覆っている。猛獣ワンパに襲われたルークがケガから回復する医療センター（⑱74-75頁）には、バクタタンクと医療ドロイドの初期バージョンが描かれている。

　マクォーリーは、反乱軍格納庫の入口（⑲68-69頁）をデザインする際、氷の塊が崩壊して自然にできたアーチのような通路が基地へとつながっていると想定した。このコンセプトアートには砲塔のデザイン案も含まれているが、最初のスケッチでは観測バンカーという設定だった。さらに、帝国軍

⑳

㉒

㉑

㉓

　の襲撃において主な標的となったコイルのような形状のシールド発生装置も、別のコンセプトアート（78-79頁）に描かれている。

　ホスのシーンでもうひとつ重要な要素は、反乱軍が脱出時、帝国軍スター・デストロイヤー艦隊の動きを封じるために使ったイオン砲である。イオン砲に関しては多くの異なるバージョンが描かれ、なかには洞窟内に設置されたものや、氷の上に置かれたものもあった。最終的に映画で使われたのは、マクォーリーのコンセプトアート（⑳94-95頁）に描かれた球体デザインと非常によく似ている。観測デッキが崖に埋め込まれたイオン砲制御室のコンセプトアート（㉑92-93頁）も描かれたが、こちらは採用されなかった。

　さまざまな背景もさることながら、惑星ホスで、最も目を奪われるのは戦闘シーンだろう。反乱軍スノースピーダーは、マクォーリーがデザインした重要なビークルのひとつである。ジョー・ジョンストンとニロ・ロディス＝ジャメロは、初期のスター・ウォーズ・デザインに忠実な、工場生産型の従来のビークルをスケッチしたが、マクォーリーは反乱軍が手造りしたように見せたいと考え

た。この案を基に、シンプルなフラットパネルを使った『スター・ウォーズ』シリーズにおいてもとりわけ興味深いデザイン（㉒70-71/㉓82-83頁）が生まれた。

　地表に墜落したルークの後ろから巨大なAT-ATウォーカーが迫るシーン（90-91頁）や、牽引ケーブルを放ったスノースピーダーが帝国軍ウォーカーをかすめ飛ぶなか、反乱軍の別のビークルが背景で派手に爆発するシーン（86-87頁）など、マクォーリーのコンセプトアートはホスの戦いの迫力を見事に捉えている。

　隠遁したジェダイ・マスターのヨーダが住む沼の惑星ダゴバにも、マクォーリーのデザインが使われている。彼は、鬱蒼と茂る森や、危険な生物が潜む霧深い沼地の動植物（102-103/㉔104-105頁）を巧みに描きだした。複数のシーンの背景に使われた石化した巨木の根は、最初のスケッチではバニヤンツリーに似ていたが、その後巨大化し、異質な見かけになった（108-109頁）。さらに、小惑星の窪みに生息する"宇宙ナメクジ"こと巨大なエクソゴース（114-115頁）や、ベイダーの旗艦エグゼクターに追われてミレニアム・ファルコンが小惑星

㉔

㉖

㉕

㉗

に逃げこむ場面（112-113頁）、賞金稼ぎのボバ・フェットが初めて姿を見せるエグゼクターの艦橋（㉕ 116-117頁）にも、マクォーリーのデザインが使われている。

　ジョンストンとのコラボレーションから生まれたボバ・フェットのデザインは最初、帝国軍のエリート"スータートルーパー"として描かれた。フェットの象徴的なT型バイザー・ヘルメットは、ホスの帝国軍スノートルーパー指揮官を想定してマクォーリーが描いた初期のスケッチが基になっており、プロトタイプのアーマーはストームトルーパー同様、白一色だった。ルーカスはこのデザインが賞金稼ぎのアーマーにうってつけだと感じ、ロケットなどのガジェットや装備を加えてはどうかと提案した。ベイダーが初めて反乱軍の英雄たちと対峙するクラウド・シティの食堂のコンセプトアート（㉖ 132-133頁）には、西部劇風のポンチョを着た初期のフェットが描かれている。これは、セルジオ・レオーネの西部劇映画でクリント・イーストウッドが演じた"名無しの男"からヒントを得たデザインだ。

　『帝国の逆襲』のクライマックスに登場するクラウド・シティは、1975年2月（『新たなる希望』の初期の脚本が書かれた頃）に完成させた最初の5枚のコンセプトアートのひとつ（22-23頁）に描かれていた都市である。当時の複数の脚本でクラウド・シティは帝国軍の都市オルデランという設定になっていたが、1979年の続編に向けてガス巨星ベスピンの上空高くに浮かぶ採鉱コロニーに変更された。クラウド・シティの構造と建築デザインには、そのコンセプトアートに描かれていた円形デザインがそのまま使われ、アールデコ様式の要素とローマで見られるような広大なオープンスペースも取り入れられている。

　マクォーリーは建築様式から内装、テクノロジー、市民の衣装まで、クラウド・シティのあらゆるデザインに貢献した（118-153頁）。タトゥイーンの砂漠や自然の要素を利用したホスの反乱軍基地とは対照的なこの洗練された美しい都市には、円筒状の建物や円錐形の塔が多数使われている（㉗ 126-127頁）。内装にもこの様式が反映され、曲線や彫りこまれたような形状が多用された。都市の中心部では、外観の洗練されたデザインが、独房（134-135頁）や、工場のような雰囲気の薄暗いカー

㉘

㉚

㉙

㉛

ボン冷凍室（140-145頁）の実用的なデザインに取って代わる。パイプや機械、階段や通路が入り組んだカーボン冷凍室は、とりわけ複雑なセットだった。プロダクション・デザイナーのノーマン・レイノルズによるセット・デザインを取り入れた最終コンセプト（㉘ 142-143頁）もマクォーリーの作品である。

クライマックスでルークとベイダーがライトセーバーの決闘を繰り広げるリアクター（反応炉）・シャフトのデザインには、這い上がる場所をたくさん作りたいというルーカスの要望が取り入れられた。手に汗握る決闘の最後でルークとベイダーが対峙する場面では、マクォーリーが別のデザイン案に描いた、深い穴の上部に吊り下げられた巨大なガス加工ベーンとアンテナ・プラットフォーム（146-147/㉙150-151頁）が使われることになった。

マクォーリーはまた、終盤に登場する反乱軍医療フリゲート艦の内装デザイン（154-155頁）と、ハンを探しに行くランドが乗ったファルコンをルークとレイアが見送る最終ショット（㉚156-157頁）も描いた。

『帝国の逆襲』でマクォーリーが最も気に入っていたコンセプトアートは、夜明けの空を背景にして着床パッドに駐機された、クラウド・シティに到着したばかりのミレニアム・ファルコン（㉛124-125頁）だという。ホスの反乱軍基地のシーンでは、自ら描いたマットペイントの前を横切り、"マクォーリー将軍"として銀幕デビューも果たしている！

『帝国の逆襲』の制作中にマクォーリーは前作の3倍近い1000枚以上のイラストを描き、そのうちの30枚を超えるフルカラー・コンセプトアートの多くが、公開後まもなく発売された「帝国の逆襲ポートフォリオ」に収録された。プロデューサーのゲイリー・カーツによる宣伝用ティーザー・トレーラーにも、そのアートワークの一部が使われた。

ジェダイの帰還

『帝国の逆襲』がまたしても特大ヒットを飛ばし、莫大な興行収入を記録すると、1980年夏、当時『ジェダイの復讐』と題されていた3作目のプリプロダクションが始まった。

ルーカスとともに制作をスタートさせたマクォーリーはまず、ジャバの宮殿とその内装を含む映画の冒頭シーンに取りかかった。宮殿の構造は何

㉜

㉞

㉝

㉟

パターンか検討されたが、最終的にひときわ目を引く円柱形の建物と塔（162-163/㉜164-165頁）に決まり、ジャバのセール・バージが出入りできる大きさでデザインされた。セール・バージとスキフには、帝国や反乱軍とはまるで異なる見かけのテクノロジーが使われている。

マクォーリーは最初、複数のデッキ階層がある木製の船を想定していたが、砂漠の惑星タトゥイーンで木材を入手するのは困難なはずだと考え、金属カバーを使ったデザインに変更した。コンセプトが発展するにつれ、初期デザインの帆が小さくなり、日よけキャノピーになった。マクォーリーは常に、物理的に正しい形状と機能を考慮し、実用性を重視したデザインを心がけていたが、このスキフは実際にどう動くかをマクォーリー本人さえ把握していない数少ないデザインのひとつとなった。初期の脚本では、2機のセール・バージ（㉝182-183頁）が登場したが、完成版（㉞184-185/186-187頁）と比べると、デザインがどのように進化していったかがはっきりと見てとれる。

3作目に登場する森の月エンドアのデザインに関して、マクォーリーは多くのシーンに加え、帝国軍スピーダーバイクやイウォークのスケッチも描いた。ルーカスは、『帝国の逆襲』制作時に使うつもりだったがボツにしたウーキーの惑星を再考し、森の月の巨大な木の上にイウォークの村があると想定した。村のデザインには、複雑に入り組んだ樹上の小屋、森の地面のはるか上にある通路など、ウーキーの惑星のコンセプトとの類似点が多々見られる（ボツになったこのウーキーの惑星はのちにキャッシークと命名され、新3部作の最終章となる『シスの復讐』に登場した）。

マクォーリーはエンドアの森の環境や植物を地球上のそれとは異なる見かけにしたいと考えていたが、映画のロケ地撮影はすでにカリフォルニア州北部のレッドウッド国立公園に決まっていたため、それを参考にデザインした。マクォーリーは、帝国軍バンカーとシールド発生装置のスケッチを描き、ベイダーのシャトル用の着床プラットフォーム（196-199頁）もデザインしたが、『ジェダイの帰還』用のコンセプトアートのほとんどが最終的に映画では使われなかったロケーションのものだった。そのなかでも特筆すべきは、帝国の大都市ハド・アバドン（202-209/㉟210-211/212-215頁）、反乱軍の都市サイスモン、皇帝の謁見室の別バージョン（216-221頁）である。

㊱

㊳

㊲

㊴

　1981年の夏、マクォーリーは『ジェダイの帰還』の制作から抜けることを決意した。『スター・ウォーズ』に6年続けて関わってきたことで創作意欲を保つのが難しくなっていたことと、少し休みをとってほかのプロジェクトに関わりたいと考えたことがその理由だった。

　映画制作のデザイン作業はそこで終わったが、その後、彼は「ジェダイの帰還ポートフォリオ」を完成させるため再びスター・ウォーズの仕事に戻った。今回は制作に関わっていた期間が短かったため、この画集に含まれたコンセプトアートで実際に映画に使われたのは、わずか5点だった。タトゥイーンのジャバの宮殿に歩いていくR2-D2とC-3PO（㊱162-163頁）、ランコアの穴に落ちたルーク（マクォーリーによるランコアの初期デザイン）（㊲178-179頁）、エンドアでC-3POを運ぶイウォークたち（㊳192-193頁）、前述のジャバのセール・バージのコンセプトアート2点である。残りは、実際に撮影に使われたセット、衣装、プロップを参考にして描かれており、一部のコンセプトアートよりもずっと映画に登場した最終版に近い（168-173/176-177/188-191/194-195/200-201/222-227/230-237頁）。ベイダーとルークが第2デス・スターのドッキング・ベイに到着するコンセプトアート（㊴200-201頁）に関しては、ルークが帝国軍将校に描き直され、シャトルの搭乗タラップに将校たちが追加された映画のシーンにより近いバージョンがポートフォリオに収録されている。

　コンセプトの発展段階で描かれたアートワークのほとんどは、脚本の最終稿でカットされたシーンやロケーションのデザインであったためポートフォリオには含まれなかった。しかし、その多くが新3部作以降のデザインに用いられている。

映画以外のプロジェクト

　マクォーリーはその後、さまざまな出版物、本の表紙、宣伝用素材、玩具のパッケージ、商品などのイラスト、さらにはポスターのデザインやロゴ、ルーカスフィルムの有名なクリスマスカードも手がけた。

　コンセプトアート形式に倣って描かれた24点の新しいアートワークを収録した、"回顧録"とも言うべき画集『The Illustrated Star Wars Universe』（ケヴィン・J・アンダーソン著）には、『スター・

㊵

㊷

㊶

㊸

ウォーズ』ファンお馴染みの惑星だけでなく、新しいロケーションや設定も含まれている。レイアの故郷の惑星オルデランの最初のイメージ（240-241頁）、コルサント（250-251/㊵252-253頁）、さらには映画に登場しなかったベスピンのさまざまな場面（242-249頁）、ダゴバ（254-259頁）、ホス（㊶276-277/278-279頁）、ヤヴィン（280-283頁）、エンドア（㊷284-285/286-287頁）などである。マクォーリーはまた、すべてが始まった場所であるタトゥイーンの砂漠に戻り、ジャバの宮殿、モス・アイズリー、ジャワの野営地（㊸274-275頁）を含むアートワークも描いた（260-275頁）。

『スター・ウォーズ』で実力を知らしめたマクォーリーは、映画やテレビ業界で引く手あまたのコンセプト・デザイナーとなり、『未知との遭遇』（1979）『宇宙空母ギャラクティカ』（1978）『レイダース／失われたアーク《聖櫃》』（1981）『E.T.』（1982）『スタートレックⅣ 故郷への長い道』（1987）『ニューヨーク東8番街の奇跡』（1987）『ミディアン』（1990）などに携わった。『コクーン』（1985）では、アカデミー賞視覚効果賞を受賞している。

ラルフ・マクォーリーの輝かしい遺産

いま新たな方向に進みはじめた『スター・ウォーズ』シリーズにおいて、マクォーリーのビジュアルはこのサーガすべての作品をつなぐ共通要素のひとつとなっている。マクォーリーは、未来のテクノロジーと実用性を完璧に融合させることで、馴染みがあると同時に別世界のような、それでいて常に一貫性と信憑性のある世界を作りだした。何よりも、視覚的にストーリーを語るというマクォーリーの天賦の才は、ジョージ・ルーカスの壮大なビジョンを実現するためになくてはならないものだった。『スター・ウォーズ』作品に影響を与えつづけているマクォーリーのアートはいまなお多くのファンに愛され、世界中のアーティスト、デザイナー、映画制作者のインスピレーションの源となっている。

その後の作品への影響

ラルフ・マクォーリーが旧3部作で生みだしたコンセプトアートは、新3部作以降の『スター・ウ

㊹

㊻

㊺

㊼

　ォーズ』作品に大きな影響を与えつづけている。
　『ジェダイの帰還』から10年以上の期間を経て制作された新作『ファントム・メナス』（1999）のコンセプトデザインは、インダストリアル・ライト＆マジック社（ILM）のクリエイティブ・ディレクターであるダグ・チャンの手に委ねられた。マクォーリーが『帝国の逆襲』用に描いたものの、お蔵入りしていた数多くのコンセプトのうち、とりわけダグ・チャンの心を捉えたのが、ベスピンのクラウド・シティの空に描かれていた"空飛ぶクジラ（エア・ウェール）"だった。ダグ・チャンはその革新的なデザイン（㊹120-121頁）に感銘を受け、ぜひとも『ファントム・メナス』に登場させたいと考えた。そして、ナブーの戦いでグンガン戦士が乗る動物にデザインし直し、"エイウァー"と名づけたのだが、残念なことに再びカットされ、最終的に『クローンの攻撃』（2002）で惑星カミーノの水上を飛ぶ鳥のような生物として登場することになった。
　ジェダイ評議会と銀河元老院がおかれたコルサントは、"都市惑星"ハド・アバドン用にマクォーリーが描いたコンセプトアート（㊺204-205/206-211/㊻㊼212-215頁）を基にデザインされた。ハド・アバドンは、『ジェダイの帰還』時に多階層の都市が地表を覆う帝国の首都と想定されていたが、カットされたロケーションである。
　アニメシリーズ『クローン・ウォーズ』（2008-2020）でも再び、マクォーリーによる未使用のイラストが、惑星や都市をはじめ、ビークル、アーマー、ヘルメット、ドロイド、生物、衣装をデザインする過程で参考にされた。『クローン・ウォーズ』の総監督を務めたデイヴ・フィローニは、マクォーリーの画集『The Illustrated Star Wars Universe』に収録されたモニュメント・プラザ（㊽250-251頁）に刺激を受け、大勢の人々で賑わうこの広場を『クローン・ウォーズ』シーズン2第14話「狙われた女公爵」で見事再現した㊾。この広場はのちに、実写テレビシリーズ『マンダロリアン』にも登場している。
　マクォーリーが『クローン・ウォーズ』シリーズに与えた影響は、スター・ウォーズの美感の統一に留まらない。彼のアートスタイルそのものが、このアニメーションシリーズのビジュアルに影響を与えている。

㊽

㊾

㊿

(51)

というのも、本シリーズは3Dソフトウェアでアニメーション化されているが、キャラクターや背景のテクスチャにはデジタルペイントが使われており、伝統的なコンピュータ・アニメーションの映像様式というよりも、マクォーリーのアートスタイルに近い独特のビジュアルに仕上がっているのだ。

フィローニの次のテレビシリーズ『反乱者たち』(2014-2018)は、マクォーリーのエアブラシ風の色調、カラーパレット、すっきりとした明瞭なデザインがさまざまな環境に取り入れられており、さらに彼のアートスタイルに近いビジュアルとなっている。『反乱者たち』のストーリーにおいて鍵となる、広い草原とユニークな地形を持つ惑星ロザルのデザインには、『ジェダイの帰還』用に描かれた都市サイスモンのイラストと、画集『The Illustrated Star Wars Universe』に収録されたオルデランのコンセプトの両方が参考にされた。サイスモンはもともと物語のなかで重要な役割を果たす“反乱者の隠れ家”と想定されていたユニークな“ハチの巣”型の有機的な都市だったが、『反乱者たち』ではロザルの円錐形の古代ジェダイ・テンプルとして再現されている㊿。一方、オルデランのコンセプトは、ロザルのキャピタル・シティの建築構造に取り入れられた。

マクォーリーが描いた初期の案が流用されたのは、ロケーションだけではない。『反乱者たち』のメインキャラのうちふたりは、チューバッカとR2-D2の初期デザインに大きな影響を受けている。アート・ディレクターのキリアン・プランケットは、映画で使われた素材ではなく、その基となったオリジナル・コンセプトアートにインスピレーションを求めたと語っている。ラサット種族のゼブ・オレリオスは、マクォーリーが描いた最も初期のチューバッカ(映画に登場するウーキーとはまったく異なる見かけ)を基にデザインされた。また、『新たなる希望』の4年前という本シリーズの時代設定に沿ってドロイドのビジュアルを旧3部作に近づけるため、チョッパーには、マクォーリーのR2ユニットの別デザインに描かれていた台形の頭部だけでなく、最も初期のR2-D2案(8-9頁)の頭から折り畳み式の腕が延びる独特のデザインも使われている(51)。

『反乱者たち』シーズン2に登場する10代のプリ

㊾

㊿

㊼

㊽

ンセス・レイアにも、マクォーリーによるレイアの未使用スケッチに描かれていた特徴的な衣装デザインが流用されている。さらに、犯罪王アズモリガンはマクォーリーによるジャバ・ザ・ハットの初期コンセプトと酷似しており、エイリアン種族のモインは『帝国の逆襲』用に描かれた賞金稼ぎのコンセプトが基になっている。

また、『反乱者たち』に登場するスローン大提督の旗艦キメラ内のオフィスの壁に、彼が収集した芸術品に交じってマクォーリーのサイスモンの絵が登場し、画面には一瞬だが、下部にある特徴的な"ＲＭｃＱ"という署名も映る。

続3部作の第1作目となる『フォースの覚醒』（2015）でも、監督に抜擢されたＪ・Ｊ・エイブラムス、プロダクション・デザイナーのリック・カーターとダレン・ギルフォードは、マクォーリー／ジョー・ジョンストンのビジュアルを基にして制作に取りかかった。

『フォースの覚醒』には、マクォーリーによる未使用デザインをそのまま参考にした要素もあれば、彼のスタイルに沿ってディテールを練りあげた要素もある。タコダナにあるマズ・カナタの城には、マクォーリーが『帝国の逆襲』用に描いたものの、のちに脚本からカットされたダース・ベイダーの城の角張った建築様式と先細りの塔といったディテールの大半がそのまま使われた㊼。

このベイダーの城は、『ローグ・ワン』（2016）でも、アート・ディレクターのダグ・チャンと監督のギャレス・エドワーズのインスピレーションとなった。マクォーリーが描いたベイダー城のほとんどは、煮えたぎる溶岩に覆われた惑星のなかに描かれていた。この地獄のような光景が『シスの復讐』にムスタファーとして登場したわけだが、ダグ・チャンは『ローグ・ワン』で再びこの惑星を登場させ、溶岩に囲まれた露岩に建つ城とその角張った塔を描いたマクォーリーのスケッチを基に、ベイダーが訪れる不吉な城を再現したのである。そのほかにも、さまざまなスター・ウォーズ作品にマクォーリーのデザイン案が使われている。

『フォースの覚醒』における非常に興味深い選択のひとつは、反乱軍のＸウイング・スターファイターのデザインの変化だろう。旧3部作の4基のエンジンを持つデザインが、続3部作では『新たなる希望』のプリプロダクション中にマクォーリー

㊼

㊽

㊼

が描いたイラスト（㊳ 56-57頁）を彷彿させる、区切られたような形状の２基のエンジンになった。

　また、マクォーリーの初期案のひとつに、どの方向にも進めるようにジャイロスコープ式のボールベアリングを使ったドロイドのスケッチがあった。当時のテクノロジーでは達成できなかったが、『フォースの覚醒』ではこのコンセプトが再考され、アストロメク・ドロイドのBB-8が同じデザイン原理を使って作りだされた。

　『フォースの覚醒』に登場するイカに似たラスターは、1975年の『新たなる希望』の脚本第２稿に登場する"ダイ・ノーガ"という生物の初期スケッチが基になっている。ジャクーのニーマ・アウトポスト入口のアーチは、画集『The Illustrated Star Wars Universe』に収録された２点のアートワーク（㊴ 260-261/㊵ 266-267頁）に描かれているジャバの宮殿の"北門"を拝借したものだ。

　『ローグ・ワン』に登場するエリート兵士、デス・トルーパーの長身かつ細身のデザイン㊻は、マクォーリーによる初期のストームトルーパーが基になっている。アニメシリーズ『バッド・バッチ』に出てくるTKトルーパーもまた、マクォーリーの試

作段階のストームトルーパー・デザインに影響を受けた。

　マクォーリーは『ジェダイの帰還』用にパルパティーンの謁見室を何枚も描いたが、『スカイウォーカーの夜明け』の惑星エクセゴルで皇帝が座っている蜘蛛のような玉座は、その未使用スケッチのひとつが基になっている。

　マクォーリーのオルデランのコンセプトに影響を受けた『反乱者たち』のロザルの首都同様、『アソーカ』シリーズのロザルの広大な草原には、マクォーリーが描いた"テラリウム・シティ"の通信塔が登場する。

　実写テレビシリーズ『ボバ・フェット／The Book of Boba Fett』（2021-）に登場するタスケン・レイダーの野営地の一部には、マクォーリーが最も初期に描いたサンド・ピープルのコンセプトアートのデザインがそのまま使われた（㊼ 12-13頁）。

　同じく実写テレビシリーズ『マンダロリアン』の『チャプター10：乗客』に出てくる"アイス・スパイダー"の基になったのは、マクォーリーが『帝国の逆襲』用に描いたダゴバの沼地のオリジナル・スケッチに登場する"ツリー・クリーチャー"だった（これはのちに、画集『Illustrated Star Wars Universe』のためにアートワーク（㊽ 258-259頁）として仕上げられた）。また、『チャプター5：ガンファイター』のタトゥイーンの景色は、『新たなる希望』の冒頭ショットに使われたマクォーリーによるマットペイントであり、ここでもすべてが始まった場所に戻っている。

○翻訳者

富永 晶子
(とみなが あきこ)

英国王立音楽大学修士課程修了。訳書に『スター・ウォーズ タイムライン』（世界文化社）、『STAR WARS マンダロリアンとグローグー』（実務教育出版）、『ダース・ヴェイダーとメリー・シスマス！』『ダース・ヴェイダーとルーク（4才）』（以上辰巳出版）、『THE STAR WARS BOOK はるかなる銀河のサーガ 全記録』（共訳・講談社）など。

装丁・DTP　APRIL FOOL Inc.
製作協力　マルコム・トゥイーン（Malcolm Tween）
編集　山田 文恵

スター・ウォーズ
STAR WARS
ザ・コンセプトアート・オブ・ラルフ・マクォーリー
THE CONCEPT ART OF RALPH McQUARRIE

2025年4月28日　初版第1刷発行

イラスト　　　ラルフ・マクォーリー（Ralph McQuarrie）
翻訳・解説　　富永 晶子（とみなが・あきこ）
発行　　　　　株式会社 うさぎ出版
発売　　　　　株式会社 翔泳社（https://www.shoeisha.co.jp）
印刷・製本　　株式会社 広済堂ネクスト

○本書は著作権法上の保護を受けています。本書の一部または全部について（ソフトウェアおよびプログラムを含む）、株式会社 翔泳社から文書による許諾を得ずに、いかなる方法においても無断で複写、複製することは禁じられています。
○本書へのお問い合わせについては、本ページに記載の内容をお読みください。
○造本には細心の注意を払っておりますが、万一、乱丁（ページの順序違い）や落丁（ページの抜け）がございましたら、お取り替えいたします。03-5362-3705までご連絡ください。

ISBN978-4-7981-8789-1
Printed in Japan

The Concept Art of Ralph McQuarrie
© &TM 2025 Lucasfilm Ltd. All rights reserved.
No part of this book may be reproduced or transmitted in any form or by any means, electronic or mechanical, including photocopying, recording, or by any information storage and retrieval system, without written permission from the publisher.

本書内容に関するお問い合わせについて

このたびは翔泳社の書籍をお買い上げいただき、誠にありがとうございます。弊社では、読者の皆様からのお問い合わせに適切に対応させていただくため、以下のガイドラインへのご協力をお願いしております。下記項目をお読みいただき、手順に従ってお問い合わせください。

●お問い合わせされる前に
弊社Webサイトの「正誤表」をご参照ください。
これまでに判明した正誤や追加情報を掲載しています。
正誤表　https://www.shoeisha.co.jp/book/errata/

●お問い合わせ方法
弊社Webサイトの「書籍に関するお問い合わせ」をご利用ください。
書籍に関するお問い合わせ　https://www.shoeisha.co.jp/book/qa/
インターネットをご利用でない場合は、FAXまたは郵便にて、下記"（株）翔泳社 愛読者サービスセンター"までお問い合わせください。
電話でのお問い合わせは、お受けしておりません。

●回答について
回答は、お問い合わせいただいた手段によってご返事申し上げます。お問い合わせの内容によっては、回答に数日ないしはそれ以上の期間を要する場合があります。

●お問い合わせに際してのご注意
本書の対象を超えるもの、記述個所を特定されないもの、また読者固有の環境に起因するお問い合わせ等にはお答えできませんので、予めご了承ください。

●郵便物送付先およびFAX番号
送付先住所　〒160-0006　東京都新宿区舟町5
FAX番号　　03-5362-3818
宛先　　　　（株）翔泳社 愛読者サービスセンター

※本書に記載されたURL等は予告なく変更される場合があります。
※本書の出版にあたっては正確な記述につとめていますが、著者および株式会社翔泳社のいずれも、本書の内容に対してなんらかの保証をするものではなく、内容やサンプルに基づくいかなる運用結果に関してもいっさいの責任を負いません。
※本書に記載されている会社名、製品名はそれぞれ各社の商標および登録商標です。